BETWEEN DAWN AND THE WIND

ANNA FRAJLICH

BETWEEN DAWN AND THE WIND

ANNA FRAJLICH

TRANSLATED AND WITH AN INTRODUCTION BY
REGINA GROL

HOST PUBLICATIONS
AUSTIN, TX

Copyright © 2006 Host Publications, Inc.

All rights reserved. Printed in the United States of America. No part of this book may be used or reproduced in any manner whatsover without the permission of the publisher except in the case of brief quotations embodied in reviews. For information, contact:

Host Publications, Inc. 1000 East 7th, Suite 201, Austin, TX 78702

Layout and Design: Joe Bratcher & Anand Ramaswamy
Cover Art: Rafal Olbinski
Cover Design: Anand Ramaswamy
Back Cover Photo: Zosia Zeleska-Bobrowski

Library of Congress Catalog Number: 2006934907
ISBN 10: 0-924047-41-0
ISBN 13: 978-0-924047-41-1

Expanded Second Edition

TABLE OF CONTENTS

INTRODUCTION

A poet, who reached her poetic maturity as an emigré, Anna Frajlich focuses on a detailed interior exploration of herself in the context of the exilic condition. Emigration has been for her the crucible in which the poet was able to examine questions of deracination, cultural transplantation, homesickness for an elusive home, search for a new sense of identity, the pain of loss, or dispossession, and, ultimately, the reconfiguration of her identity and reintegration. With cultural dislocations becoming more and more common, Frajlich's poetry is most topical and illuminating. It may offer sustenance and solace to immigrants, emigrés, and all those who have experienced displacement.

Compelled to leave Poland in the aftermath of the anti-Semitic campaign of 1968, the poet quickly resolved to put the social disgrace behind her. Unlike many other emigré writers whose work reflects mostly pain and their lack of acceptance of exile, Frajlich's stance became to affirm it, to learn to appreciate its benefits. "To come to love one's stray ways" (pokochać bezdroża), a phrase from her poem "Autumnal Lullaby," may be read as her existential credo.

Yet seeing Anna Frajlich as merely an emigré poet would be a reductionist view. Her poetry constitutes a consistent trail of testimonials, a record of a woman's insights into her multiplicity of roles and the myriad aspects of her experience – from childhood to maturity, from the awakening of love and passion to its ending, from motherhood to menopause, from parenting to caring for and burying one's parents. Frajlich inscribes in her poetry the changing nature of her awareness with originality and candor. She isolates and captures her fleeting emotions, their flavors and shadings. The poet's inner world shines through her highly autobiographical work.

While readers of Frajlich's poetry will undoubtedly detect the map and landscape of an emigré poet's inner space, they will see a great deal more, both with regard to the poet's worldly engagements and her intellectual pursuits. Frajlich's poems are replete with astute contemplation of art, history and–occasionally–politics. In her intensely personal voice, both introspective and lyrical, Frajlich conveys emotional as well as intellectual profundity.

Rendered in simple and accessible language, generally unpunctuated, minimalistic, and low key, her poems are always permeated with moral intelligence. Most read as musings, as evidence of her *vita contemplativa*. Frajlich makes no attempt to complicate the structure of her poems, or to develop elaborate linguistic constructs. There are no verbal pyrotechnics, no semantic bloat in her poetry, and no excessive emotional outbursts. Her metaphors are used not to obscure images, but to insure that her lyrical reflections are more precise. For the most part, Frajlich's poems take the shape of lyrical vignettes, which blend intimacy and reflective distance. The writer Stanislaw Wygodzki quite justifiably wrote of her poetry as the "poetization of her autobiography."

Frajlich is one of the most eloquent commentators on the Jewish exodus from Poland, the reluctant yet irrevocable migration of Holocaust survivors and their children. Her poetry conveys the disturbing recognition of the perpetual pattern of flight, which her generation has had to share with her parents' generation, and–retrospectively–with many generations of wandering Jews.

To those unfamiliar with the history of Eastern Europe, Anna Frajlich's biography may appear exotic. Her saga echoes those of many others who tried to elude the Nazi terror. She was born in 1942 in the village of Katta Taldyk in Kyrgyzstan, where her mother fled from the Polish city of Lwow (today the Ukrainian city of Lviv) under circumstances so chaotic that she was separated from her husband. Anna's father was reunited with his wife and daughter a year later in Lysva, in the Ural mountains. In 1946 the family settled in Szczecin (Stettin), a port city on the Baltic Sea that became Polish when Poland's borders were moved west at the end of World War II. It is in Szczecin that Anna spent her childhood. Warsaw, Poland was the city of her youth.

Having graduated with a master's degree in Polish Literature from Warsaw University in 1965, Frajlich began her career as a journalist in a newspaper for the blind, got married, and gave birth to a son. In 1969, in the aftermath of the anti-Semitic purge, the young family left Poland, settling in New York City in 1970 after brief stays in Vienna and Rome.

In the United States, having tried her hand at several professions (writing for Polish language newspapers, reporting for

Radio Free Europe, working in an epidemiology lab), Anna Frajlich enrolled in the doctoral program in Slavic Studies at New York University. A few years later she obtained her Ph.D. degree and has been teaching Polish language and literature at Columbia University since 1982. Deeply attached to her mother tongue, Frajlich has retained the Polish language as the exclusive medium of her poetry. (On a few occasions she made an exception by producing poems in English for her grandsons.)

Anna Frajlich is the author of eleven volumes of poetry published on both sides of the Atlantic, as well as numerous scholarly and journalistic writings. (Details to be found in the Chronology included in this volume.) Her poetry has been the subject of several master's theses. It has been translated into English, French, German, Russian, Ukrainian, Romanian, Hungarian, Hebrew, Yiddish, and Lithuanian. She is the recipient of prestigious literary awards, including the Koscielski Foundation literary prize bestowed on her in Switzerland and the literary prize of the W. & N. Turzanski Foundation of Toronto, Canada.

In 1993, after a 24-year absence, Anna Frajlich returned to Poland, where four volumes of her poetry have been published to date. Her poetry has been very well received and widely reviewed by some of the most distinguished litrerary critics (e. g., Ryszard Matuszewski, Grazyna Borkowska, Natan Gross, Piotr Sliwinski, Jan Zielinski). In the year 2000, her book *W słońcu listopada* (In the November Sun) was among those considered by the readers of the popular Warsaw daily *Rzeczpospolita* as a book of the month. And in 2002, Aleksander Kwaśniewski, the then President of the Polish Republic, bestowed on her the Knight's Cross of the Order of Merit (Krzyż kawalerski Orderu Zasługi Rzeczpospolitej Polskiej).

Frajlich first gained stature as a poet for her insightful interpretation of her exile. She was admired not just as an emigré poet, but as a poet of emigration. Unlike many emigrés, Frajlich did not sound dejected. She repeatedly expressed the belief in the possibility of adjustment and acclimatization. Indeed, her poetry reflects the "two lives" of an emigre, that of the past, moored in nostalgic recollection, and the new life, entailing adjustment to the new context and discovery of tranquility and beauty in it. As stated earlier, Frajlich's poems are a muted but expressive personal record of dispossession and integration. They are also a sensitive, vivid and authentic reflection of the struggle to adjust to existential vicissitudes in general. Professor Alice-Catherine Carls rightly observed that Frajlich is "a master at capturing the essence of being and encapsulating it in a daily vision, at weaving existential questions into scenes of everyday life." The poet's writing, moreover, reverberates with overtones of hope, endurance and survival. There is no lamentation in her poetry, no reflection of the tedium of existence. Her poems express preparedness for change, acceptance of change and acceptance of the need to adapt.

While I have put much effort to convey in English the spirit and the letter of Frajlich's poetry, this volume places in the hands of the reader a product inevitably compromised by the difficulty of a fully adequate translation on the acoustic/phonetic level. This is only partly an apology. The 1980 Nobel Laureate, Czesław Miłosz, recognized quite correctly that Anna Frajlich's poetry is dependent largely on *cantilena*, that is, organization of the poems based on sounds. In terms of the feasibility of their translation, as he declared in a letter to Frajlich dated July 4, 1988, her poems should be placed "somewhere in the middle of the scale of difficulty, and perhaps closer to the pole of impossibility." Indeed, the musical quality of poetry is tongue-specific and it is rarely possible, therefore, to render it in another language. English, the receiving vessel cannot assimilate the full musical resonance of Frajlich's poetry, its rhythms, rhymes, and assonances. Nor are translations of poetry in general capable of conveying the original version's "radiant haze of connotations," in Eva Hoffman's phrase.

What justifies this bilingual volume, nevertheless, is the exceptional value of Frajlich's poetry, its wealth of profound existential, artistic and philosophical insights. A close reading of Anna Frajlich's poems will be richly rewarding. Her literary *oeuvre* confirms the audacious dictum – to quote yet another Nobel laureate, Joseph Brodsky – that "poetry is what is gained in translation."

Regina Grol
Professor of Comparative Literature
Empire State College
State University of New York

CHRONOLOGY OF ANNA FRAJLICH'S LIFE AND WORK

1942 Born March 10, 1942 in the village Katta Taldyk, Osh region of Kyrgyzstan (formerly the USSR).

1943 Family reunited in Lysva, Ural after her parents' forced separation during the Nazi attack on Lwów (Lvov), the Polish city of their origin.

1946 Family returns to Poland and settles in Szczecin (Stettin).

1958 First poems appear in the Polish supplement to *Folks Sztyme* (a Yiddish language newspaper published in Warsaw) and in the literary supplement to the Szczecin daily *Głos Szczeciński*.

Joins the group of artists and poets "Rak" (Capricorn) in Szczecin.

1959 Awarded a prize in a poetry contest sponsored by the Literary Supplement of *Głos Szczeciński*.

1960 Graduates from high school in Szczecin and begins her studies in the Department of Polish Literature at Warsaw University.

1965 Graduates from Warsaw University with an M.A. in Polish Literature and begins work as an editor in two Warsaw based publications for the blind.

1969 November 12, leaves Poland — with her husband and son — as a result of a vicious anti-Semitic campaign of the Polish government. Forced to renounce her Polish citizenship.

1970 June 30, arrives in New York City after short stays in Vienna, Austria and Rome, Italy.

Settles in Brooklyn, New York.

Teaches Polish language at the State University of New York at Stony Brook.

1971 Begins her four year employment at the Department of Epidemiology of the New York Blood Center.

Some of her poems appear in Poland in *Nowe widzenia* (*New Visions*, a publication of Forum Poetów "Hybrydy") and *Poezja* (*Poetry*).

1972 Her poems appear in the London based Polish emigré literary weekly *Wiadomości* (*News*) marking the beginning of a close association with this magazine which ends in 1981 with the closing of this prominent publication.

1976 Enters the Ph.D. program of the Department of Slavic Languages and Literature at New York University.

Begins her four year association, as a free lance writer and interviewer, with Radio Free Europe.

Publishes her first collection of poems *Aby wiatr namalować* (*To Paint the Wind*), Oficyna Stanisława Gliwy in London, England.

1979 Publishes her second volume of poems *Tylko ziema* (*Just Earth*), Poets and Painters Press in London, England.

1981 Recipient of the prestigious literary award bestowed by the Kościelski Foundation in Geneva, Switzerland.

1982 Begins teaching Polish in the Department of Slavic Languages at Columbia University (an affiliation continuing until the present).

Third volume of poetry, *Indian Summer*, published in Albany, New York.

Continues to contribute poetry, book reviews and articles to emigré magazines including *Kultura* (Paris), *Przegląd Polski* and *Tygodnik Nowojorski* (New York), *Archipelag* (Berlin).

Translations of her poems continue to appear in various periodicals: *Terra Poetica* (Buffalo, New York), *Artful Dodge* (Bloomington, Indiana), *Wisconsin Review*, (Oshkosh, Wisconsin), *Mr. Cogito* (Forest Grove, Oregon), *Visions* (Arlington, Virginia) and *The Jewish Quarterly* (London, England).

Translations appear in the following anthologies: *Introduction to Modern Polish Literature* (New York), *Columbus Names the Flowers* (Forest Grove, Oregon).

Her poems begin to appear in various periodicals in Poland.

1986 Her fourth collection of poems *Który las* (*Which Forest*) is published by Poets and Painters Press, London, England.

1990 Defends her doctoral dissertation at New York University.

1991 Host Publications, Austin Texas publishes *Between Dawn and the Wind*. The bilingual selection of Frajlich's poems is translated and with an introduction by Regina Grol, with cover and graphics by Bartek Małysa.

     Drzewo za oknem (*The Tree Behind the Window*) featuring Bartek Małysa graphics is published.

1993 Publishes fifth collection of poems and her first book published in Poland since she left the country, *Ogrodem i ogrodzeniem* (*The Garden and the Fence*) Czytelnik.

     Her first trip to Poland after 24 years of exile. AF promotes the book in Warsaw, Szczecin, Kraków, Lublin; including multiple radio, press and TV interviews.

     AF co-organizes and moderates the symposium, *The Life and Work of Bruno Schulz* in the Kościuszko Foundation, NYC.

     Presents lecture at YIVO, New York City, titled *Reflections on the Jewish Genius of Bruno Schulz on the Centenary of his Birth.*

1994 AF publishes selection of poems: *Jeszcze w drodze: Wybór wierszy.* (*Still on the Road: Selection of Poems*) Niezależna Oficyna Wydawnicza, Warsaw 1994.

1996 Writers in Performance–Manhattan Theater Club commissions AF to prepare and narrate a Wisława Szymborska's poetry reading.

Organizes *Józef Wittlin 1896-1976: A New Perspective* at the International Academic Conference at Columbia University.

AF participates in promotion of *Ambers Aglow: An Anthology of Contemporary Polish Women's Poetry*, Translated and edited by Regina Grol, published by Host Publications, sponsored by the Kościuszko Foundation, N.Y.

1997 AF is invited to Rice University, Huston, Texas, to give the lecture, *Poetry of Wisława Szymborska: Clarity Grace and Humor.*

AF's essay *Intellect Imbued With Clarity, Grace, and Humor: Notes on Wisława Szymborska* is published in *The Dirty Goat 8*, 1997.

Poésie Premiere no. 8, 1997 publishes AF's essay *Clarté, grace, humor.* trans. into French by professor Alice-Catherine Carls.

1998 At the International PEN-Club Congress in Helsinki, AF presents *Identity and Difference the Power of Language*, subsequently published in the *PEN International*, Vol. 49, No 1, 1999.

AF presents the lecture *Adam Mickiewicz: A Romantic Portrait of a Poet* at several universities in USA and Canada.

1999 *World Literature Today* in its Autumn 1999 issue publishes Frajlich's essay *Czesław Miłosz: The Ambivalent Landscape of Return.*

March 15, AF presents lecture: *Henryk Grynberg and His Quest for Artistic and Non-artistic Truth* through the Aleksander and Alicja Hertz Fellowship awarded by Max Weinreich Center at YIVO, NYC.

2000 AF publishes *W słońcu listopada* (In *November's Sunshine*),WL Kraków, Poland: 2000.

Book selected as a book of the month by *Rzeczpospolita*, one of two major Polish papers.

Invited to Sweden to lecture at the University of Uppsala on novels of Józef Wittlin and Albert Camus "Two Unknown Soldiers," and at the Stockholm University on poetry of Wisława Szymborska.

Upon the request and under the auspices of the Kościuszko Foundation, AF organizes and coordinates academic conference celebrating the Silver Jubilee of the Kościuszko Foundation in New York: *North America in the Eyes of the Polish Beholder*

Conference with participating scholars from New York, Chicago, North Carolina, and Cambrigde, England was a real success, and the entire content was featured in The Polish Review.

2001 AF publishes *Znów szuka mnie wiatr* (*The Wind Seeks Me Again*) Czytelnik, Warsaw, Poland. Book reviewed in major Polish magazines in Poland and abroad.

Between Lvov New York and Ulysses' Ithaca: Józef Wittlin–Poet, Essayist, Novelist, edited by AF, published by Nicholas Copernicus University, Poland, Department of Slavic Languages and the East Central European Center Columbia University, New York.

Her 1970 poem *Pompey* is placed in the first year highschool textbook, in Poland.

June issue of *The Polish Review* publishes AF's essay *Michal Choromanski and Otto Weininger: Jealousy, Sex and Character* and a book review: *Henryk Grynberg, Memorbuch*

The translations of AF's poems published in Germany's *Nordost-Archiv. Zeitschrift für Regionalgeschichte.*

AF receives publications grant from the Harriman Institute, Columbia University.

2002   AF receives the The Knight's Cross of the Order of Merit awarded by the President of the Polish Republic.

AF coordinates the conference *Polish-American Woman: the "Other" in Both Cultures* under the auspices of The Kościuszko Foundation, NYC.

Center for Jewish History publishes AF's essay: *Bruno Schulz: Mythmaker and Legend,* in a brochure *A Tribute To Bruno Schulz.*

2003   Editinter in France, publishes *Le Vent, á nouveau me cherche* the bilingual French edition of *Znów szuka mnie wiatr* translated by Alice Catherine Carls, with preface by Jan Zieliński.

AF Receives prestigious Literary Prize from the W. & N. Turzanski Foundation of Toronto, Canada

2004   AF presents *Russo-Japanese War in the Mirror of Russian Poetry* at the international conference "The Russo-Japanese War and the 20th Centur." held at the Universities of Jeruzalem and Haifa, Israel (Feb. 10-12)

2005   AF's book *The Legacy of Ancient Rome in the Russian Silver Age* accepted for publication by Rodopi Amsterdam, New York, NY.

2006   AF's interview with Czesław Miłosz conducted in 1980 after his Nobel Prize Award, tr. by Alla Makeeva-Roylance, appears in *Czesław Miłosz's Conversations (Literary Conversations Series)* ed. by Cynthia L. Haven University Press of Mississippi's Literary Conversations series.

AF's essay appears in *Polonistyka po amerykańsku: Badania nad literaturą polską w Ameryce Północnej (1990-2005)* an anthology of American Polonists published by Institute of Literary Research of Polish Academy of Science.

An interview with AF appears in the book of *Wojtek Waliszewski O Ameryce inaczej. Rozmowy z emigrantami* (Differently About America. Conversations with Emigrants), Torun, Poland.

Her poems have appeared in the following anthologies

"Columbus Names the Flowers," *Mr. Cogito's 12 Year Anthology*. Ed. Robert A. Davies, John M. Gogol, Forest Grove, OR 1985

"Współczesna poezja polska," *Moderne polnische Lyrik*. (Modern Polish Poetry). Vienna, 1989.

Od Staffa do Wojaczka: Poezja polska 1939-1988. (From *Staff to Wojaczek: Polish Poetry from 1939-1988*) 2 vol. Ed. by Bohdan Drozdowski and Bohdan Urbankowski. Łódź, Poland 1991

Wiersze i poematy o ziemi szczecińskiej. (*Poems about the Szczecin Region*) Ed. Hanna Niedbał. Szczecin, Poland 1994.

"W imię miłości," *Antologia wierszy miłosnych poetek polskich*. (*In the Name of Love. Anthology of Polish Women Poets*), Ed. Alicja Patey-Grabowłska. Warsaw, 1995.

Ambers Aglow: An Anthology of Contemporary Polish Women's Poetry. Compiled, translated and with a critical introduction by Regina Grol, Host Publications 1996.

Snuć miłość: Polska poezja miłosna. XV-XXw. (*To weave love: Polish Love Poetry 15ᵗʰ -20ᵗʰ Century*). Edited, compiled and with introduction by Włodzimierz Bolecki. Świat Książki, Warsaw, Poland, 1999.

Józef Wittlin and Modern Polish and Polish-American Poetry. A Commemorative Anthology, Ed. by Piotr Gwiazda. Polish Cultural Institute, New York, 2001.

Antologia poezji polskiej na obczyźnie. 1939-1999. (*Anthology of the Polish Poetry in Exile*). Selected, edited and with introduction by Bogdan Czaykowski. Warsaw-Torono, 2002.

Contemporary Writers of Poland. Ed. Danuta Blaszak. Dreammee Little City, 2005.

BETWEEN DAWN AND THE WIND

Z jakiego portu płyną do jakiego

Navigare necesse est, vivere non est necesse

Wszystko jest karą
za to że myślałam
że już dotarłam
słońce przez mgłę się przebija
co rano a wieczorem
barki na rzece liczę
w innym kraju

lecz dwie są rzeki
i nie można zliczyć
łodzi co płyną
i nie można wiedzieć
z jakiego portu
płyną do jakiego.

From Which Harbor to Which

Navigare necesse est, vivere non est necesse *

Everything is punishment
for having thought
I had already arrived
the sun pierces the fog
every morning and in the evening
I count the barges on the river
in a different land

but there are two rivers
and one cannot count
the sailing boats
and one cannot know
from which harbor to which
they are sailing.

* *It is necessary to navigate, it is not necessary to live.*
(Plutarch quoting Pompey)

*   *   *
Urszuli i Włodkowi T.

Trzeba mieć łąkę
jakąś łąkę
gdzie mgła rozsiewa w trawach rosę
gdzie skrzyp się gnieździ z koniczyną
gdzie jaskier łypie żółtym okiem
trzeba mieć
obcą lub niczyją
na jakimś lądzie czy półkuli
i boso chodzić po tej łące
bezziemne stopy w ziemię wtulić
i niech ta łąka lipcem dyszy
i niech tę łąkę koszą kosą
i niech pijane pszczoły piją
z kielichów dzikich smolinosów.

*   *   *

to Urszula and Wlodek T.

One needs a meadow
any meadow
where fog spreads dewdrops on the grass
where horsetail crowds around with clover
where buttercup leers with a yellow eye
one needs
another's or nobody's meadow
on some continent or hemisphere
to walk barefoot on it
to press one's landless feet into the land
and may the meadow pant July
may it be mowed with a scythe
and may drunken bees imbibe
from the cups of tiger lilies.

Kraj utracony
Steni i Tadeuszowi Filusom

1.
Z niejednego wygnani kraju
za Jakuba grzech i Abrahama
prarodzice moi
i rodzice
do dziś dnia się błąkamy.

2.
Pierwszy wiersz słyszałam na Uralu
— "Powrót taty" —
tata mnie uczył
powróciliśmy
odjechali
i nikt już z nas nie powróci.

3.
A w snach wraca
słupek i wzgórek
i odwieczne: "Ja do lasu muszę"
dobry zbójco
ja jeszcze teraz
wciąż o twoją
modlę się duszę.

The Lost Land

to Stenia and Tadeusz Filus

1.

Driven out of many a land
for Jacob's and Abraham's sin
my forefathers
my parents and I
to this day we are wandering.

2.

My first peom I heard in the Ural Mountains
— "Daddy's Return" * —
taught to me by my Dad
we returned
left again
now none of us will ever go back.

3.

Yet in my dreams does return
the hill and the shrine
and the eternal "I belong in the woods."
Oh, good robber
to this very day
for your soul
I still pray.

*A well-known poem by Adam Mickiewicz

Emigracja

My — skąd nagle? — wyspiarze
w samym sercu wiatrów
w dziwnej szkole pokory
gdzie uczą żywioły
ciągle jeszcze pamiętam
ciszę stałych lądów
szron na drucianym płocie
i drogę do szkoły.

Emigration

We — how come? — islanders
in the very heart of winds
in the odd school of humility
where the elements teach
I still remember
the silence of continents
frost on the wire fence
and the way to school.

Aklimatyzacja

Zapominam dokładnie
zapominam sumiennie
     mój krajobraz ojczysty
     mój krajobraz codzienny
zapominam kosmate
zapominam kłębiaste
     chmury na jakimś niebie
     chmury nad jakimś miastem
zapominam do końca
zapominam je ciągle
     — twarze w mrok zagarnięte
     za oknami pociągu.

Acclimatization

I forget meticulously
I forget scrupulously
        my native landscape
        my daily landscape
I forget the ragged
I forget the billowy
        clouds in a sky
        clouds over a town
I forget to the end
I forget them nonstop
        — faces cloaked in the dusk
        behind windows of trains.

Przypowieść

Raz tylko przez igielne ucho przechodzi wielbłąd
jeden raz
i tam skąd przyszedł nie powraca
— jest droga jego tak jak czas.
Chociaż weselej było w stadzie
chłodniejsza woda dawnych rzek
lecz siła jakaś go prowadzi
przed siebie, dalej, w dalszy bieg...
I pewnie nęcą go powroty
oazy wśród piaskowych burz
lecz przeszedł przez igielne ucho...
...i drugi raz nie przejdzie już.

A Parable

Just once goes the camel through the eye of a needle
once only
and where it came from it never goes back
— like time is its journey.
Though it was more fun being in a herd
and cooler was the water in rivers of old
yet some force goads it
on, forward, ahead...
Most likely returns tempt
amidst sand storms oases entice
yet the camel passed through the eye of a needle...
...and will not go through it twice.

Ptaki

Okruchami chleba swego powszedniego
smutna moja mama karmi leśne ptaki
i nie wiedzą wilgi sikory i szpaki
że mama jest także wędrującym ptakiem
gniazda uwijane gniazda budowane
wzdłuż szlaku jak ziarna zostawia rozsiane
we Lwowie w Warszawie i nad oceanem
każde innym wiatrem strącone rozwiane

jedzcie jedzcie drozdy
z ręki mojej mamy.

Birds

Scattering crumbs of her daily bread
my saddened mother feeds forest birds
and orioles, starlings, or titmice don't even suspect
that mother is also a migrating bird
nests woven nests built
along her path she spreads like seed
in Lvov in Warsaw and by the ocean
each hurled blown away by a different wind

from my mother's hand
eat thrushes eat.

Curriculum Vitae

Po tylu autostadach jechaliśmy razem
pod wozem i pod gwiazdami
na mostach, co w niebo biegną
ravelowskie concerto na gradowych chmurach
jak na trzech fortepianach
forte się rozległo

przystań nasza wśród wiatrów
na dziwnej ulicy
co nigdzie się nie kończy i nigdzie zaczyna
gdzie inni pozdrawiają nas obcym językiem
wśród ptaków, których nazwy szukamy w słownikach

przeszłość się upomina znakami imionami
upomina się blizną zarosłą na kamieniu
coraz częściej wracają dawno pożegnani
a tych niepożegnanych
na garstkę snu nie ma

otwierają się niegdyś zatrzaśnięte bramy
i znowu po raz pierwszy w jakąś sień wchodzimy
tacy już odmienieni i zawsze ci sami
— jak na śmiech —
wypędzeni z północy do Rzymu

wygnani bez legendy
co jak liść figowy mogłaby wstyd osłonić
bo jednak wygnani
w drogę
gdzie w niemym tańcu błądzą drogowskazy
w stulecie
co swą kodę zamyka nad nami.

Curriculum Vitae

On so many highways we've travelled together
under the weather and under the stars
over bridges running toward the sky
like three grand pianos
Ravel's concerto sounded its forte
on thunderous clouds

our harbor is amidst winds
in an odd street
which begins nowhere and likewise ends
where others greet us in a foreign tongue
among birds whose names we have to look up

the past lays its claim through signs names
lays its claim through a healed scar on a stone
those bidden farewell long ago return more and more often
and those we did not bid farewell
don't amount to a handful of dream

gates once slammed open up anew
for the first time we enter some lobby again
so changed we are and yet always the same
— laughably —
banished from the north to Rome

driven out without a legend
which like a fig leaf might have hidden the shame
for driven out we were
into a road
where in mute dance the road signs meander
into a century
which closes its coda above us.

Santa Maria Ausiliatrice

Maria Ausiliatrice masz na włosach deszcz
a w twej koronie światła na daleką drogę
Maria Ausiliatrice
już dzwonią na mszę
i tylko nie wiem
jaką mową prosić Boga
a Ty
zawsze pomocna tak jak w bólu
krzyk
już wiesz
że przeżyć trzeba
gdy nie można pojąć
i o cień w skwarze prosisz dla mnie
i o łzy
Maria Ausiliatrice.

Santa Maria Ausiliatrice

Maria Ausiliatrice there's rain in your hair
and in your crown lights for distant roads
Maria Ausiliatrice
they've just begun to toll for mass
and I only don't know
in what language I should plead with God
and you
always as helpful as a cry
in pain
you already know
that one has to endure
when understanding is beyond us
and for shade in heat you plead for me
and for tears
Maria Ausiliatrice.

Jesienna kołysanka
Pawłowi

Śpij syneczku. Już latarnie
przytuliły się do wiatru. Śpij.
Na Long Island mrok
ugasił płomień liści
ucichł szelest traw za lasem
drzemie oset w zżętym zbożu…
Śpij syneczku
i podróżni
pokochają swe bezdroża. Śpij.

Autumnal Lullaby
for Paul

Sleep my son. The street lamps have
cuddled against the wind. Sleep.
The Long Island dusk
has put out the flame of leaves
beyond the woods the whisper of the grass has lulled
the thistle dozes in cut rye...
Sleep my son
and the wayfarers
will love their stray ways. Sleep.

*　　*　　*

Niechaj już znikną
bo szpecą legendę
kamienie znacznie bardziej są fotogeniczne
nawet te dawno wyrwane z korzeniem
spod głów umarłych

niech znikną wreszcie by księgę historii
można już było zamknąć i otworzyć
wszystko się dobrze ułoży w teorii
co w życiu ciągle nie chce się ułożyć

niech już odejdą
Bóg im wskaże drogę
jak im wskazywał gorejące krzaki

*   *   *

Let them vanish at last
for they tarnish the legend
stones are much more photogenic
even those uprooted long ago
from under the heads of the dead

let them vanish already so the book of history
can be closed and reopened
what in life refuses to fit
in theory will fall in place

let them go away
God will show them the way
as he had shown them the burning bushes.

**Sala dziecięca w muzeum męczeństwa
Yad Vashem w Jerozolimie**

To tak wygląda grób moich kuzynów
to tu w tej ziemi której nie widzieli
spoczywa po nich bezimienna pamięć
tu grób znaleźli
gdziekolwiek zginęli
we Lwowie w Krakowie
gdzie się rodzili ich ojców
ojcowie
gdzie ich zdumienie
w dym się rozpłynęło
wsączyło w ziemię
gdzie ich ślad chłopięcy
jak deszcz rozmyły strugi niepamięci
tu powrócili
swoich imion echem.

The Children's Room in the Yad Vashem Holocaust Museum in Jerusalem

That's what my cousin's grave looks like
it's here in the soil they never saw
that their nameless memory found rest
here they found their grave
wherever they perished
whether in Lvov or Cracow
where their fathers' fathers
had been born
where their bewilderment
diffused itself in smoke
permeated the soil
where streaks of oblivion — like rain — washed away
their boyish trace
here they returned
as their names' echo.

Jerozolima

Zawsze złota i biała
— krew tutaj przelana
na najbielszym kamieniu
nie zostawia śladu.

Bram osiem
którą wjedzie bramą
na ośle czy helikopterze
kiedy z Oliwnej Góry wstaną
kto pozna ich i kto uwierzy?

Tymczasem spięcie krótkie kroki
żaluzje opuszczone—strajk.
To tu turystkę z Francji
— nożem
To tam pod Ścianą
— wieczny płacz.

Jerusalem

As always golden and white
— blood shed here
leaves no trace
on the whitest of stones.

Eight gates
through which gate will he come
on a donkey or a helicopter
when from the Mount of Olives they'll rise
who'll recognize them and who will believe?

Meanwhile tension, quick steps
shutters shut — a strike.
Over here a French tourist
— knifed.
Over there under the Wall
— eternal wail.

Do przyjaciela w Haifie

Śródziemne Morze w oknie
i co więcej trzeba
czemu północ powraca
— Arkadia surowa
czemu tutaj
gdzie każdy pęd puszcza korzenie
ty wciąż jak ziarno
które spadło na kamienie?

To a Friend in Haifa

In your window the Mediterranean Sea
so what else do you need
why does the North return
— harsh Arcadia —
why here
where every sprout strikes root
you are still like the seed
which fell upon a stone?

Tylko ziemia

Ojcowizna to nie moja
ni niczyja
tylko ziemia
z kamieniami w swym wnętrzu
tylko ziemia z właściwością przyciągania
chodzę po niej
czasem dotknę jej ręką
ale w zimie zamarza jezioro
i spadają w śnieg szyszki z sosen
tuż przed zmierzchem
wczesnym wieczorem
nagie słońce zachodzi za szosę.

Just Earth

It's not my patrimony
nor anybody's
it's just earth
with stones in its inside
just earth with the property of gravitation
I walk on it
sometimes I touch it with my hand
but in wintertime the lake freezes
and pinecones fall into the snow
in early evening
just before dusk
the naked sun sets behind the road.

Bez adresu

— Pisarz powinien mieć adres —
rzekł Isaac Bashevis Singer
który swoją ulicę
ulicę Krochmalną w Warszawie
jak Atlas przeniósł na barkach
przez wszystkie powodzie świata.
I ja szukam swojej ulicy
jedynej niepowtarzalnej
na jawie we śnie i w rozdarciu
pomiędzy jawą i snami
w magicznym kalejdoskopie
mienią się różne ulice
ich zapach ich zgiełk mam pod skórą
a nocna barwa ich ciszy
zawisa nad parapetem
jak nitki babiego lata
ale zatarły się nazwy
i cyfry znad bram opadły
kto wie
co jest moje co obce
i który adres
to a d r e s.

With No Address

— A writer should have an address —
said Isaac Bashevis Singer
who, on his shoulders
like Atlas
carried his street
the Krochmalna Street in Warsaw
above all the floods of the world.
I too am looking for my street
the one and only
in my waking hours in my dreams in the split
between dreams and wakefulness
various streets mingle
in the magic kaleidoscope
I feel under my skin their smells and clamor
and the nocturnal hue of their silence
hangs over the windowsill
like threads of Indian summer
but their names have faded
and the house numbers fell off
who knows
what's mine what's others'
and which address
is *the* a d d r e s s .

Czytając Gibbona

Upadał Rzym
— jakże wspaniały —
drogami wojska jeszcze szły
słońcem winnice ociekały
i kolumnowy marmur biały
porastał pył

upadał Rzym
co trwał przez wieki
żeby upadłszy wieki trwać

i nawet dziś nikt nie wie
czemu
jeszcze cezara syn i brat
zabijał by dosięgnąć tronu
jeszcze gladiator mierzył w lwa
w mowach wytrawnych oratorów
subtelnie grecki dzwonił styl
i tłum — jak zwykle — był na Forum
nikt nie przeczuwał

że we mgle
w porannej mgle nadreńskich borów
upada Rzym.

Reading Gibbon

Rome was falling
— in all its glory —
armies kept marching on the roads
vineyards oozed sunshine
and dust kept growing
on the white marble of colonnades

Rome was falling
which had lasted for ages
so having fallen it would for ages last

and no one knows to this day
why
Caesar's son and brother
still killed to usurp the throne
the gladiator still aimed at the lion
in the speeches of seasoned orators
the Greek style resounded subtly
and the mob — as usua l— was at the Forum
and no one had a hunch

that in the fog
the morning fog of Rhineland forests
Rome was falling.

Sen o Lwowie

Mojej mamie śni się Sykstuska
kto pamięta Sykstuską 14
już po wielkiej wojnie
przed potopem
kto pamięta
że tam mieszkał stolarz
biedny wdowiec
z szóstką swoich dzieci
kto pamięta
jak zbłąkany pocisk
Dawidowi czapkę strącił z głowy

ta Arkadia w ciasnej oficynie
głód i bicie
brak własnego łóżka

po przeciwnej stronie oceanu
na przeciwnym brzegu egzystencji
mamie mojej śni się Sykstuska.

A Dream About Lvov

My mother dreams of Sykstuska Street
Who remembers number 14 Sykstuska
after the great war
before the deluge
who remembers
that a carpenter lived there
a poor widower
with his six children
who remembers
how an errant bullet
pulled David's hat off his head

this Arcadia in the tiny backhouse
hunger and beatings
no bed of one's own

on the other side of the ocean
on the other bank of existence
my mother is dreaming of Sykstuska Street.

O piwnicy, jabłkach i poetach

A w naszej piwnicy także
jabłka pachniały ogrodem
ale jak to opisać skoro tylu poetów
pisało o tej piwnicy
i o tych jabłek zapachu
kto wie czy to tylko jedna
taka piwnica pod krajem
lat ich dziecinnych
czy każdej zimy tak samo
jabłka dla wszystkich pachniały
i czy był skobel i kłódka w tamtych piwnicach
jak w naszej?
A w poniemieckich ogrodach
prawie jak w hesperyjskich
rosły złote renety i śmieszne zajęcze główki
z jednym policzkiem czerwonym
trzeba je było ostrożnym ruchem
z gałęzi zrywać
troskliwie w koszach układać
w gazetę otulać i wióry
i warto było się trudzić
bo pachną już nie w piwnicach
ale w wierszach poetów
ułożone misternie
na srebrnych tacach wersetów.

On a Cellar, Apples and Poets

And in our cellar also
apples smelled of a garden
yet how to describe it when so many poets
have written about that cellar
and about the smell of those apples
who knows if there was just one
such cellar under the land
of their childhood
or if each winter
apples smelled the same for all
and were there staples and padlocks in those cellars
just like in ours?
In the garden left by the Germans
almost like in the garden of Hesperides
grew golden rennets and funny jonathans
with one red cheek
they had to be picked carefully
from the branch
wrapped in newspapers and wood shavings
placed delicately in baskets
but it was well worth the effort
for it's not in cellars that they smell now
but in the songs of poets
artfully arranged by them
on the silver trays of verses.

Miasto

Ostre zachodnie światło
uderza w powieki
inny był widok z okien
mojego dzieciństwa
z jednej strony ogrody
rozpięte daleko
z drugiej — wylot ulicy
lipą obsadzonej tak gęsto
że korony baldachim tworzyły
światło jak w tunelu
gdzieś na końcu okrągłe
i obiecujące
miasto nie było nasze
tylko odebrane innym
co stąd uciekli w wojennym
popłochu i wszystko zostawili
albo zakopane w ogrodach
lub gruzem przysypane
albo wprost na stole
kryształowe kieliszki
w nich czerwone wino
niedopite plamami przyschnięte
do ścianki

miasto nie było nasze
ale kwitło dla nas
bzami i jabłoniami
w tysiącznych ogrodach
fiołkami i konwalią
w cieniu żywopłotów
kwitło miasto nad rzeką
rozlaną u granic
i słyszało się w mieście
tym różne języki
— jak krzewy — przesadzone

City

Sharp western light
hits the eyelids
how diffferent was the view
from my childhood windows
on one side gardens
stretching into the distance
on the other — the street's exit
so densely lined with linden
the tree tops formed a canopy
the light as in a tunnel
round and promising
was somewhere at the end
the city was not ours
it was taken from others
who ran away in the panic of war
and left everything behind
buried in their gardens
or covered with rubble
or simply on the table
unfinished red wine
in crystal glasses
stains dried
on the glass walls

the city was not ours
yet it bloomed for us
with lilacs and apple trees
in thousands of gardens
with violets and lillies of the valley
in the hedges' shade
the city bloomed by the river
which overflowed at the border
and one could hear in that city
various tongues
transplanted — like shrubs —

na zachód ze wschodu
ktoś z wileńska zaciągał
ktoś z lwowska całował
rączki — ktoś półgłosem
wciąż mówił po niemiecku
i jidysz niedobitków
rozbrzmiewał w ulicach
a nad brzegami rzeki
już portowa gwara
wyrastała jak trawa
spomiędzy kamieni
i taki obraz właśnie
trwa w moim wspomnieniu
chwilami mroczny to znów
pełen letnich skwarów
wiosną jesienią w dymach
palonych gałęzi
miasto mego dzieciństwa
komuś odebrane
aby czyjeś dzieciństwo
mijało gdzie indziej.

from East to West
someone spoke with the Vilna accent
someone kissed ladies' hands
the way they used to in Lvov
someone sotto voce
still spoke German
and Yiddish of the survivors
resounded in the streets as well
but on the river banks
the port slang
was already growing
like grass
among stones
and that picture
lingers in my memory
murky at times
then again filled with summer heat
or the smoke of burning dry twigs
in the spring and autumn
the city of my childhood
taken away from someone
so that someone else's childhood
could pass elsewhere.

Ergo sumus

A więc jesteśmy
ja — z prowincji
i ty ze wszystkich stolic świata
pijemy wino w Nowym Jorku
— stolicy stolic
i prowincji wszystkich prowincji —
pijemy wino a za oknem
w galerii wiszą trzy Chagalle.
Tu zdetronizowani króle
i cesarzowe bez cesarstwa
wyprowadzają psa na spacer.
Tu poeci
w dwustu językach dla nikogo
piszą swe wiersze jak szaleni
piszą wiersze
że aż miasto — jak balon —
wzdęte jest poezją
i tylko pstryknąć
a poleci.
Poleci z naszym winem
z nami
i z restauracją
gdzie do ryby podają noże
z żebrakami
którzy sypiają w pustych schronach
ze szczurami
i z mostem
i z "widokiem z mostu"
i z giełdą i rozdartą sosną
i szklanych domów całym sznurem
poleci w górę.

Ergo Sumus

So here we are
I — the provincial
and you from all the capitals of the world
we're drinking wine in New York City
— the capital of capitals
and the province of all the provinces —
we're drinking wine and just next door
a gallery displays three paintings by Chagall.
Here the dethroned kings
and empresses without empires
walk their dogs.
Here poets
in two hundred languages
write their poems like madmen — for nobody
keep writing poems
till the city — like a baloon —
grows inflated with poetry
and just a flick
will make it fly away.
It will fly away with our wine
and us
and our restaurant
where they use knives to eat fish
and with beggars
who sleep in vacant shelters
with rats
and with a bridge
and "a view from the bridge"
and with the stock exchange and a split pine
and a whole string of glass houses
it will fly up.

O miasto, w światła twoje patrzę
jak w złote skręty hieroglifów
i tajemnicą twą oddycham
powietrzem ciężkim jak przed burzą

już zapalono białe lampki
tysiące lampek na gałęziach
i drżą światełka w kroplach deszczu
latarnie lśnią odbite w jezdniach

a niżej w brzuchu pod pokładem
bezdomni się na ławkach kładą
do snu w podziemiach metropolii
gdzie światło traci blask i mętna
żarówka mruga wśród pokrętnych
podziemnych łożysk dziwnej rzeki
którą wypełnia wciąż po brzegi
tłum i czterdzieści ton żelaza
przemykające raz za razem

miasto na skale w rzek ramionach
ty jesteś swych bezdomnych domem
gdy śpią w wieżowcach pod chmurami
i na chodnikach gazetami okryci
w noc grudniowym wiatrem
owiani
pod gwiazd i świec świątecznych światłem

a inni ciągną tu zwabieni
mocą twych wiatrów i kamieni
miliarda okien twoich blaskiem
i ledwie wejdą w twoje bramy
niebaczni nowe amsterdamy
stawiają na granicie
z piasku.

*   *   *

Oh city, I gaze into your lights
as into golden twists of hieroglyphs
and breathe your mystery
with an air as heavy as before a storm

tiny white lamps have already been lit
thousands of bulbs on the branches
and the lights quiver in raindrops
the street lamps shine reflected in the streets

and below in the belly under the deck
the homeless lie down on benches
to sleep in the pit of the metropolis
where light loses its luster and an opaque
bulb winks among the twisting
underground beds of an odd river
which is steadily filled to the brim
by a crowd and forty tons of steel
zooming by again and again

oh city on a rock embraced by rivers
you are a home for your homeless
when they sleep in skyscrapers under the clouds
and covered with newspapers spend nights
on sidewalks cloaked by December
wind
under the festive light of stars and candles

and others swarm here enticed
by the force of your winds and stones
and the glitter of your billion windows
as soon as they enter your gates
heedless on granite they build
new amsterdams made of
sand.

To miasto jest moje

To miasto jest moje
i ja jestem jego
w kryształowym powietrzu
płyniemy wzdłuż brzegów
czy jest piękne? — to mało istotne pytanie
ważne że łodzią jest
i jest przystanią.

It Is Mine

This city is mine
and I am its
in the crystal clear air
we sail along the banks
Is it beautiful?
This question is beside the point
what matters — it's a boat
and it's a dock.

Lokomotywa

Można jeszcze zobaczyć
prawdziwą lokomotywę
tu i ówdzie
to już nie demon stulecia
głównie
atrakcja turystyczna
— zabić kilka godzin
niedzielne przedpołudnie —
starsza
niegroźna pani
puf puf
pnie się pod górę
z której wspaniałe
scenic view
nikt nie zrobi znaku krzyża
na jej widok
i nie rzuci się
pod jej koła
żadna Anna Karenina

już nie pociągnie za sobą
zaplombowanych wagonów

ani z mięsem armatnim
ani z dymem do komina

pnie się pod górę
starsza niegroźna pani
wsparta obłoczkiem pary

już niewinna.

The Locomotive

One can still see
the real locomotive
here and there
it's not the century's demon anymore
mainly
it's a tourist attraction
— to kill a few hours
a Sunday morning —
an elderly
nonthreatening lady
puff puff
climbs up the hill
from which there's a splendid
scenic view
no one will cross himself
at its sight
and no Anna Karenina
will hurl herself
under its wheels

no longer will it pull
padlocked cars

with cannon fodder
or smoke for the chimney

propped by a tiny cloud of steam
up the hill she climbs
the elderly nonthreatening lady

already innocent.

Rozmyślania wyzwoleńca

Słodkie jest jarzmo niewoli
i gorzki owoc wolności
tam wikt opierunek opieka
i dobrze przetarte ścieżki
stołek przez innych ogrzany
i na czas przycięte pióra
miękkie jest jarzmo niewoli
nie gniecie i nie uwiera
a tylko wolność bolesna
swoboda pośród żywiołów
gdzie zasiać trzeba by zbierać
i z dwojga złego wybierać
skrzydła rozwijać i zwijać
własne kolana obijać
skąd wolno odejść zostawić
gdzie można zdobyć i stracić
ale gdzie trzeba zapłacić
za czyn i obiad zjedzony
i dziwi się wyzwoleniec
i często pojąć nie może
czy warto dać taką cenę
za wiatr co będzie wiał w oczy
i dziwi się wyzwoleniec
który miał wszystko u pana
jakie ogromne ryzyko
kryje się w jądrze wolności
bo można umrzeć pod płotem
lub ojcem być Dioklecjana.

Meditation of a Freedman

Sweet is the yoke of enslavement
and bitter the fruit of freedom
the former brings room, board, protection
and also paths well trodden
a chair left warm by others
and feathers clipped just in time
soft is the yoke of enslavement
it doesn't pinch nor rub sore
freedom — however — is painful
unleashed amidst elements
where one must sow to harvest
choose of two evils the lesser
fold and unfold one's wings
and bruise one's very own knees
whence one can depart, go, abandon
where one can gain or lose
yet where one always pays
for his deeds as well as meals
and the freedman wonders
and often simply can't grasp
why such a price must be paid
for the wind that blows in his eyes
and the freedman whose master
used to take care of his wants
wonders at the huge risk
in the kernel of freedom encased
for one can die in rags
or become Diocletian's father.*

Diocletian was the first Roman emperor whose father was a former slave

Większością głosów

Głosują
żeby zabić
zabić Sokratesa
z demokracji najwyższy
zrobili użytek
jeszcze tylko na statek z Delos zaczekają
i pijani tanim winem
już się zataczają
gdy on ostatnią kroplę
przełyka cykuty.

By a Majority of Votes

They are voting
whether to kill
to kill Socrates
having made the most
of democracy
now they'll just wait for the ship from Delos
and drunk on cheap wine
already they are staggering
while he is swallowing
the last drop of hemlock.

*   *   *

Nie było mnie
gdy Pan Bóg barwy tworzył
i kiedy świtem budził pierwsze ptaki
nie było mnie.
Zastałam tedy już
czarno na białym dziesięć przykazań
i stron świata cztery
wiem
co jest dobre i co złe
i tylko nie wiem
w którą iść stronę
a muszę przecież stworzone odnaleźć
a niestworzone z twardej lepić gliny
i kształt nadawać mu
niedoskonały
bo mnie nie było
gdy Bóg kształty tworzył.

I wasn't there
when God created colors
and awoke first birds with the dawn
I wasn't there.
I came to ten commandments
already black on white
and four corners of the world
I can tell good from evil
yet I don't know
which way to go
but I do have to discover the created
and to form the unformed from hard clay
and give shape to it
imperfect
for I wasn't there
when God created shapes.

*　　*　　*

Jestem oddzielna
liść co dla mnie spada
tak się niezwykle u mych stóp układa
nikt go nie widzi moimi oczyma
jestem oddzielna
— żadna część systemu
niczyja własność
ni kółko w maszynie
oddzielnie mierzę księżycowe góry
pył wdycham w płuca jedyne w kosmosie
mogę się zepsuć— mogę
nagle stanąć
mogę pokochać — mogę
nagle rzucić
i umierając wyświęcić wargami
oddzielne imię oddzielnego Boga.

*   *   *

I am separate
the leaf that falls for me
so unusually places itself at my feet
nobody sees it with my eyes
I am separate
— no part of a system
nobody's property
nor cog in a machine
separately I measure mountains on the moon
I inhale dust in cosmos's only lungs
I may break down — may
stop suddenly
may fall in love — may
suddenly leave
and while dying consecrate with my lips
a separate name of a separate God.

Wiedza ezoteryczna

Tylko rozpięty głos pod chmurą
echo, biblijne piasku granie
dlaczego ja — pytanie pytań
otchłań przegląda się w pytaniu
wznoszą się w snach strzeliste schody
i na odwrocie gobelinu
fatum wyblakłe lecz surowe
rozkwitającą nić przecina
albo po Trzykroć Największego
magicznej wiedzy kronikarza
od ośnieżonych gór Arkadii
w mrocznym jeziorze ślad przepada
i kręgi biegną po jeziorze.

Esoteric Knowledge

Only a voice spread under a cloud
echo, the biblical sound of sand
why me — the question of questions
in the question an abyss sees its reflection
steep stairs arise in dreams
and on the tapestry's underside
fate faded yet harsh
cuts short the blooming thread or
the trace of Trismegistos
the chronicler of magic knowledge
from the snow covered mountains of Arcadia
in a murky lake is lost
and ripples spread on the lake.

Jeszcze w drodze

Jest
poza *mieć* (co?) i *być* (kim?)
jest jeszcze *żyć*
rozległe jak łąki nad jeziorami
niepowstrzymane jak wiatr w portowym mieście
żyć — lepkie pączki na tle stalowego nieba
i kolumny stojące wciąż tam
gdzie je przed wiekami wzniesiono.
Budzę się co dzień rano
jakby do snu wiecznego
a tu tyle do załatwienia
Rozmyślania
przeczytane tylko w połowie
niewyprasowane koszule
jeszcze nienadstawiony drugi policzek...
Za oknem ostatnie liście szumią
na klonowej gałęzi
a list o śmiertelnej chorobie
wciąż jeszcze w drodze.

Still on its Way

There is
besides *to have* (what?) and *to be* (who?)
there's still *to live*
as vast as meadows by the lakes
unstoppable as wind in a port city
to live — sticky buds against the steely sky
and columns standing to this day
where centuries ago they had been raised.
I wake up every morning
as if to an eternal dream
and there's so much to be done
Meditations
read only half way
shirts to be ironed
the other check not turned yet...
Outdoors the last leaves rustle
on the maple branch
and the missive about terminal illness
is still on its way.

*　　*　　*

W bezmiarze wśród chaosu
wśród wiatru piachu ciszy gwiazd
miejsce znalazłeś mi pod stopy
i ponad głowę nieba płat
niezasłużony darowany
włożyłeś w moje dłonie czas
a hojność Twa — jak Ty bez granic —
osłania mnie

lecz nie dostrzegam śladu drogi
jak katarakta rośnie ból
kamień usuwa się spod nogi
i leci w pustkę
a głos Twój
rozdarty w "szumy, zlepy, ciągi"*
dosięga mnie w brzęczeniu pszczół
i patrzę w siebie tak jak w ciemność
i nie znam najważniejszych słów.

*tytuł książki Mirona Białoszewskiego

In the infinity amidst chaos
amidst wind sand and the silence of stars
You found a patch for me to rest my feet
and over my head a scarp of sky You've spread
undeserved yet given as a gift
You placed time in the palms of my hands
and Your generosity — boundless like You —
shields me

but I can't see any trace of the road
like a cataract my pain grows
the stone shifts from under my feet
and falls into a void
and Your voice
ground into "soughs, clumps and clusters"
reaches me in the buzzing of the bees
and I look into myself as into darkness
and I don't know the most important words.

*title of a book by Miron Białoszewski

Z natury

Widzę
jak jedząc z ręki
jedzą także rękę
a wszystko w imię sprawy
która jest ważniejsza
od ręki i jedzenia
tak głoszą i zbierają
ziarenka
co wypadły z rozgryzionych palców
i chrząstki oblizują.
I nawet się w salonach
czasem spotykamy
o kwestiach rozprawiamy
bez kwestionowania
kwestii ludożerców.

From Life

I see
how eating out of a hand
they eat the hand as well
all this to advance the cause
which is more important
than the hand and the eating
so they claim and collect
grains
which fell out of the gnashed fingers
and they lick the bones.
We even meet sometimes
at high society parties
and various questions we discuss
without questioning
the question of cannibalism.

Tu jestem

Tu jestem
zamieszkuję własne życie
jak ślimak swoją przestrzeń
każda moja sekunda
przylega do mnie jak skóra
komuś innemu tu ciasno
coś w żebro się wciska
uwiera
a ja w labiryntach bez kłębka
i bez okienka na strychu
trochę mnie w dymie z komina
i w solach wody gruntowej.
Czy wybór to czy nie-wybór?
I gdy mnie wrzucą do ziemi
to tak jak orzech
w łupinie przylegającej
zamknięty.

Here I Am

Here I am
I inhabit my own life
like a snail its own space
each of my seconds
clings to me like skin
someone else feels cramped here
something pokes the ribs
chafes
and I'm in labyrinths without a thread
and in a windowless attic
some of me is in the smoke rising from the chimney
and some in the groundwater salts.
Is it a choice or a non-choice?
And when they lower me in the ground
it will be like a nut
shut in a tightly fitting
shell.

*　　　*　　　*

Boli ząb
którego nie ma
dojmujący ból
przenika istotę
niebytu
wspina się po gałęziach nerwów
wstępuje na szczyty
żeby dowieść
zaświadczyć
wykrzyczeć
że to czego nie ma

boli

*   *   *

The toothache
of a tooth
no longer there
acute pain
penetrates the essence
of non-being
climbing up the nerves' branches
reaches the peak
to prove
to bear out
to scream out
that what's absent
can hurt

*   *   *

Tak wiele prób
w pośpiechu zapisanych stron
zmiął i do kosza wrzucił
On
z chaosu światów jeden wziął
ale skażony błędem
wciąż
błędem pośpiechu pierwszych prób
skąd zło
skąd ból
skąd śmierć i grób?
Stąd. Właśnie stąd.

*　　*　　*

How many drafts
of hastily written pages
did He
crumple and toss out
He
from the chaos of worlds he picked one
yet
one tainted by mistake
the mistake of haste of first drafts
whence evil
whence pain
whence death and tomb?
Hence. Indeed, hence.

Już nic

The falcon cannot hear the falconer
William Butler Yeats, *The Second Coming*

Z uczty bogów nic nie zostało
nawet prosa
okruchów dla ptaków
szare chmury się zbiegły
nad miastem nieprzerwaną
zasnuły je rzeką

trzeba wstać trzeba pójść
trzeba wrócić i mgły szare
rozgarniać płetwami
nie zostało już nic z uczty bogów
pusty Olimp zasnuty chmurami.

Nothing's Left

The falcon cannot hear the falconer
William Butler Yeats, *The Second Coming*

Nothing's left of the gods' feast
not even crumbs of millet
for the birds
gray clouds have gathered
over the city
enveloped it
with a neverending river

one must get up must go
must come back and part the gray fog
with one's fins
nothing's left from the gods' feast
empty Olympus is shrouded.

W muzeum

Hatshepsut
kobieto-królu-faraonie
jak wspaniałe są twoje pomniki
linia pleców tak prosta
że zrosła się prawie z twym tronem
jak wspaniałe są twoje krzesła z polerowanego hebanu
dłonie o długich palcach spoczywają na kolanach
ktoś napomknął
że mógłabyś zostać znakomitą pianistką

Hatshepsut
jak wspaniałe były twoje królestwa
Dolne i Górne
połączone nie przez ciebie
ale tych przed tobą
i tych po tobie
tych co odziedziczą
i zwalą twe pomniki
z cokołów
bo rozbijanie pomników
to jeden z najstarszych wynalazków

chodzimy od gabloty do gabloty
światło przyćmione
nie jak pod niebem Egiptu
może jak we wnętrzu grobowców

wszystko mieli
wszystko wiedzieli
tyle tysięcy lat temu
nóż do golenia
nóż do ciosania
nóż do zabijania
a to co?

In the Museum

Hatshepsut,
woman — king — pharaoh
how magnificent are your monuments
your back so straight
it almost merges with your throne
how magnificent
your polished ebony chairs
your long-fingered hands rest on your knees
someone remarked
you could have been a great pianist

Hatshepsut,
how magnificent were your kingdoms
the Lower and the Upper
united not by you
but those who came before
and after you
those who would inherit
and topple your monuments
from their pedestals
because wrecking monuments
is one of the oldest inventions

we walk from display case to display case
the light is dimmed
not like under the sky of Egypt
like in the tombs perhaps

they had it all
they knew it all
so many thousand years ago
a knife for shaving
a knife for hewing
a knife for killing
and what's this?

pyta dziesięcioletnia dziewczynka
wskazując na polerowany kawałek drewna
— rączka bata
fundament niejednej cywilizacji.

asks a ten-year old girl
pointing at a polished piece of wood
— the handle of a whip
foundation of many a civilization.

Z Florencji

Nie było cię na Ponte Vecchio
powoli mgła schodziła z gór
gdzieś od Lungarno Dante szedł
i nagle poczuł w piersi ból
— na moście była Beatrice
taka poranna jeszcze wiatr
nie zdążył wplątać się w jej włosy
z odkrytych ramion Beatrice
mgła opadała tak jak z gór.
Nie było cię na Ponte Vecchio...

From Florence

You weren't there on Ponte Vecchio
the mist descended slowly from the hills
Dante was coming from around Lungarno
and in his chest he felt a sudden pain
— Beatrice was on the bridge
so morning-like, the wind
has not yet twined itself into her hair
from Beatrice's uncovered arms
the mist fell off like from the hills.
You weren't there on Ponte Vecchio...

Portret stylizowany Marlene Barsoum

Kiedy się po ogrodach przechadzasz Boboli
w białej sukni
błękitną przewiązanej szarfą
krokiem każdym
spojrzeniem splatasz harmonijnie
rozlewną dumę Nilu
z kaprysami Arno

Kiedy się po Ogrodach przechadzasz Boboli
szmer fontanny przycicha
twa suknia szeleści
na stokach belwederu
wiatr tobą oddycha
i włosy twe rozwiewa
i śpiewa ci pieśni

słońce zajdzie za chwilę i nocy zasłona
na wzgórza i katedry
opadnie powoli
tak jak mrok twoich włosów
na twoje ramiona
opada tam
na ścieżkach Ogrodów Boboli.

A Stylized Portrait of Marlene Barsoum

When you stroll in the Boboli Gardens
in a white dress
draped with an azure sash
with each step
and glance you harmoniously intertwine
with the whims of Arno
the effusive pride of Nile

when you stroll in the Boboli Gardens
the humming of the fountain quiets down
your dress rustles
on belvedere's slopes
the wind inhales through you
and tousels up your hair
and sings you songs

in a while the sun will set and the night's veil
will fall down slowly
on cathedrals and hills
falling over like the darkness of your hair
on your shoulders
there
on the paths of Boboli Gardens.

Nad listami Brunona Schulza

A po upałach przyszły deszcze
i ty przyszedłeś
powściągliwy
milczący prawie
nagle znużone w środku lata
liście
wymiatał wiatr spod naszych stóp.
Czytałam właśnie listy Schulza
listy pisane w Drohobyczu
w ciemnym pokoju na Floriańskiej
spalone listy do kobiety
spalonej
gdzieś zakopane do przyjaciół
gdzieś zakopanych
taki był wątły — jedna kula
to aż zanadto na tę śmierć
może znużone — w środku lata —
spadają liście w Drohobyczu
i głucho pachnie cynamonem.

Musings Over the Letters of Bruno Schulz

And after the heat rains came
and you came
demure
almost reticent
the wind swept from under our feet
leaves
suddenly grown weary in mid-summer.
I was just reading Schulz's letters
letters written in Drohobycz
in a dark room on Florianska Street
burned letters to a woman
burned
letters buried somewhere
to friends buried somewhere
he was so frail — one bullet
was too much for that death
perhaps weary in mid-summer
leaves fall in Drohobycz
and cinnamon diffuses a deaf scent.

O poezji

Wyimaginowane matki
kładą
wyimaginowanych synów do
wyimaginowanych kołysek
i całując w wymyślone czółka
wymawiają dobrze brzmiące frazy
łatwo im mówić — Piety
zasłuchane są w stygnący
kamień
jak odgłos podziemnej rzeki
jest język rodzenia i śmierci.

On Poetry

Imaginary mothers
put
their imaginary sons
into imaginary cradles
and kissing them on imagined foreheads
utter nice sounding phrases
speaking is easy for them — Pietas
listen intently to the cooling
stone
like the echo of a subterranean river
is the language of birth and death.

Chłodna noc

Chłodna noc
w drugim pokoju świeca płonie
i migotliwy jej blask
przez otwarte drzwi pada
geometryczną smugą na sufit
w liściach wciąż jeszcze zielonych
wiatr przebiera szelestem
prawie już świt i niebo
ten dziwny ma stopień jasności
co nie rzucając światła
ledwie obwodzi kontury
chłodna to noc, syrena
pobrzmiewa bardzo daleko
i nawet lekkim muśnięciem
snu nie potrąca uśpionych
razem jesteśmy i blisko
i tylko sen nasz osobny.
Śnię właśnie dziwny poemat
długi i trudny zarazem
taki którego i krytyk
nie przełknie za jednym razem
taki poemat co leży
nieraz latami nietknięty
jak na dnie mórz leżą
dalekich zatopione okręty
w nich kubki srebrne i tace
szmaragdy w szkatułach misternych
maszty dawno spróchniały
ale bezcenne perły
blask migotliwy rzucają
na ściany skarbca zamknięte...
Taki poemat śnię
w noc jesienną i świętą
pomiędzy świecą i chłodem
pomiędzy świtem i wiatrem
pomiędzy jawą i snem.

A Chilly Night

The night is chilly
a candle blazes in the other room
and through the open door
its flickering glow casts
a geometric streak on the ceiling
the wind sifts with a rustle
among leaves still green
it's almost dawn and the sky
has this quaint degree of brightness
which barely traces the contours
without casting light
the night is chilly, the siren
sounds off far away
and doesn't even dab
the slumber of the sleeping
together we are and close
it's only our dream that's separate.
Im dreaming a strange poem
both long and difficult
one that even a critic
won't grasp all at once
a poem which sometimes
lies undisturbed for years
as sunken ships lie
at the bottom of distant seas
they hold silver cups and trays
emeralds in fancy chests
the masts have rotten through
but priceless pearls
spread a flickering glow
on the walls of the locked chest...
Such a poem I dream
on this night autumnal and holy
between the candle and chill
between dawn and the wind
between waking and sleep.

Kobiety Renoira

Nad rzeką kąpią się i piorą
w powietrzu drga perlista para
gdy w ociężałe dłonie biorą
ręcznik na płótnach Renoira

w tiule w półcienie i w pejzaże
ich ciepłe brzuchy mgła owinie
spocą się w południowym skwarze
potem Mozarta na pianinie grać będą

w siebie tak spowite
w piersi i w łokcie i w ramiona
wsłuchane w swoje własne uda
jak w prawdę wciąż nieobjawioną

a zieleń miękka jak pościele
błękit jak chłodne prześcieradła
znów będą tańczyć w tę niedzielę
na trawie ręcznik będą kładły...

Renoir's Women

By the river they bathe and launder
a pearly mist quivers in the air
when on Renoir's canvas
their heavy hands with a towel play

the fog will wrap their warm stomachs
with penumbras and vistas and tulle
they'll perspire in the afternoon heat
then play Mozart on the piano with a swoon

thus in themselves wrapped up
in their breasts and elbows and arms
they listen to their own thighs
like to a truth not yet brought to light

the greenery is soft like bedding
as blue as cool sheets is the sky
they'll dance again this Sunday
on the grass they'll put the towel down...

Georgia O'Keeffe

Umarły po raz drugi
białe czaszki kozłów
po raz drugi umarły
na gorącym piasku
pod południowym słońcem
i pod martwą dłonią Georgii O'Keeffe

zamarło czyste niebo
niebo nieskończone i kwiat
co przepaściste
wnętrze swe otwierał
by w stu językach głosić
fatum orchideom

a dzbanki pozostały
jak ucho od dzbana
a słońce pozostało
jak niedopisana
kropka na "i".

Georgia O'Keeffe

The white sculls of the goats
died for the second time
for the second time they died
on the hot sand
under the southern sky
and under Georgia O'Keeffe's lifeless hand

the clear sky stopped dead
the infinite sky and the flower
which opened
its cavernous interior
to proclaim in a hundred languages
the orchid's fate

but the jugs stayed behind
like the ear of a jug
and the sun stayed behind
like an unwritten
dot over an "i."

Braque — wystawa retrospektywna

Łodzie i stoły bilardowe
wrzucone w jeden wór istnienia
stalowe noże do krojenia jabłek
i ostryg otwierania
na pięciolinii winogrona
— zielone łzy na srebrnych nutach —
brązy
gitara rozstrojona
geometryczny chaos dachów
zdany na wiatr
i łaskę płótna.

Braque — A Retrospective

Boats and pool tables
tossed into one bag of existence
steel knives for apple cutting
and prying oysters open
grapes on a staff
— green tears on silver notes —
bronze objects
a guitar out of tune
the geometric chaos of the roofs
condemned to the wind
and the mercy of canvas.

Po wystawie Chagalla

Nie polecimy już na pewno
w czerwone słońce nad Witebskiem
ja już nie będę panną młodą
a ty — szalonym narzeczonym
tylko siądziemy gdzieś
cichutko
w jakiejś kawiarni na tarasie
gdzie jedno drzewko będzie lasem
a burza zerwie brzegi
szklanki
i nikt się nawet nie domyśli
że świat
się wokół ciebie
kręci.

Upon Seeing Chagall's Exhibit

We certainly will never fly
into the red sun above Vitebsk
and I will never be a bride
nor will you be — a crazy groom
we'll sit somewhere
most quietly
on the patio of some cafe
where a single tree will make a forest
and in a tea cup
a storm will brew
and not a soul will ever guess
that it's around you
that the world turns.

Aby wiatr namalować

Jeszcze się kroplą deszczu kładziesz
na mych wargach
jeszcze cię sen pamięta pod ciężką powieką
ale już dróg nie strzegę
poplątałam nici
nie dowiem się jak blisko
jesteś jak daleko
jeszcze się tylko krzykiem w twojej krwi odezwę
nagłym bólem zatrzasnę jak drzwi niedomknięte

aby wiatr namalować—trzeba poznać trzcinę
tak strzelistą wśród ciszy i w czas burzy
— zgiętą.

To Paint the Wind

Like a rain drop you still fall
on my lips
the dream still remembers you under the heavy eyelid
but I guard the roads no more
I have tangled up the threads
and won't know how close
you are how far
but with a scream in your blood I'll still speak up
with a sudden pain I'll slam like a door left slightly open

to paint the wind—one needs to know the reed
so arrow straight in lull time yet during storm
— bent down.

Porozumienie

Wołamy się przez szklane ściany
tak blisko
widzę twoją twarz
wyciągam rękę — szklana ściana
mówimy dwoma językami
wszystko w porządku
tłumacza brak
a tak jest zdrowo naokoło
czyste powietrze
ostry mróz
ja widzę
że coś do mnie wołasz
wołasz przez ścianę
i ja ci pewnie odpowiadam
coś odczytujesz z moich ust
dwoma różnymi językami

może ten sam mówimy
ból

Mutual Understanding

We call each other through glass walls
I see your face
so close
I hold out my hand — a glass wall
we speak two different languages
that's fine
there's no interpreter
around us everything's so wholesome
the air is pure
the frost bites
I see you
call out words to me
you shout through the wall
and I respond most likely
you read some message from my lips
in two distinct languages

we may be speaking the same
pain.

Wyrok

Oddam cię
oddam dziewczynie z jasnymi włosami
każdy oddech twój uśmiech i twoje pragnienie
będzie cię dotykała będzie cię całowała a ja
pójdę spokojna jak nocne milczenie
oddam cię z korzeniami — oddam
tak jak stoisz niech cię kocha
do bólu kocha do zwątpienia
niech się obudzi w nocy i przestanie wierzyć
i nad ranem niech znowu uwierzy bez drgnienia
niech cię spod ściany śledzi jak umiesz
zapomnieć i niech się szczerze cieszy
że cię inne lubią niech wie
jak jesteś piękny i niechaj się boi
a ja niech gdzieś odejdę
zapomnę
zagubię…

Verdict

I'll give you up
I'll give you up to a girl with fair hair
every breath of yours and desire and each smile
she'll be touching you
she'll be kissing you and I'll
go as tranquil as night's calm
I'll give you up with your roots
I'll give you up as you are
may she love you unto pain and
unto doubt
may she wake at night and cease believing
and at dawn's crack believe you again
may she watch you from the corner how
easily you let things slip your mind
may she be truly pleased
that other girls like you
may she know how beautiful you are
and may she fear
and I'll go away somewhere
I'll forget
I'll vanish…

Telefon

Zmieniony
w dzwonki
i pierścionki drutów
skłębionych gdzieś pod ziemią
jesteś
— jak mnie uczono w szkole —
częstotliwością drgań na blaszce
mogę cię mieć
za siedem cyfr
i za guziczek
za światełko
mogę mieć
— d r g a n i e   n a   m e m b r a n i e .
A chciałabym w wysokiej trawie
gdzie chodzą żuczki biedroneczki
a chciałabym cię mieć na sianie
— śmieszne ździebełka w twoich włosach
i chciałabym cię mieć w karecie
gdzie zasunięte firaneczki
kłusem
donikąd spieszą konie
a ty całujesz moje dłonie
i moje usta
moje piersi
i nie ma siedmiu kpiących cyfr
jest tylko siedem gwiazd na niebie
i siedem gór
i siedem nocy...

Telephone

Changed
into jingling bells
and rings of wire
whirled somewhere under the ground
you are
— as I was taught at school —
the frequency of vibrations on tin
I can have you
for seven digits
and for a button
for a light
I can have
— a vibrant strain of the membrane
And I would rather have you in tall grass
where ladybugs and beetles take their walks
and I would rather have you in the hay
— with funny little stalks stuck in your hair
and I would have you in a horse drawn coach
with curtains pulled together
trotting to nowhere
the horses would rush
and you'd
kiss my hands
my lips
and breasts
and there would be no seven mocking digits
but only seven stars upon the skies
and seven mountains
and seven nights...

Żale

Władkowi

Ach, czemu nie jesteśmy
z angielskiej powieści
niezbyt piękni
cnót pełni
z angielskim humorem
czemu drew nie dorzucasz
zimą do kominka
a ja z haftem nie czekam
na ciebie wieczorem
czemu na innej wyspie
i na innym lądzie
w czasie
co przelatuje
trudno nam się zmieścić
i tylko z górnej półki
pełnej starych książek
patrzą na nas
z ironią angielskie powieści.

Regrets

for Władek

Oh, why aren't we
from an English novel
rather plain
full of virtues
with an English sense of humor
why don't you add woods
to the fireplace in winter
and at night why don't I wait for you
with my embroidery
why on a different island
and a different continent
in time
which flies by
we find it hard to fit
and only from the upper shelf
full of old books
English novels
glance at us
ironically.

Powrót

To nie rzeka nas dzieli
to na niej sto mostów
ból ostygł
— już możemy poruszać
wargami
jak po ciężkiej chorobie
po tamtej miłości
wracamy
wracamy

Return

It's not the river that divides us
it's the hundred bridges that cross it
the pain has cooled down
— again we can move
our lips
like after a long illness
after that love
we come back
we come back

*   *   *

A miłość po co
jeśli ból
na zawsze jest osobny
szukamy
pod powierzchnią słów
gubimy się
wśród wspólnych dróg
przed nami światła wielkich miast
za nami mgły dalekich pól
przepływa przez nas jeden czas
jak przetłumaczyć ból na ból
piekący
żywy
i podobny

Why love then
if pain is
for ever separate
we search
under the surface of words
get lost
among roads taken in common
before us big cities' lights
behind us fogs of distant fields
the same time flows through us
how to translate pain into pain
burning
alive
and alike.

*　　*　　*

Między nami ocean
czas przecięty nożem
tak dalecy oboje
a zbyteczna pamięć
jeszcze mi na policzkach dłonie kładzie twoje
jeszcze twoim ramieniem ogrzewa mi ramię
a listy telefony książki obietnice
puste muszle
i perły się z nich nie wysnują
codziennie wychodzimy na różne ulice
tak obcy
cięte rany
długo
czy się goją?

The ocean divides us
time cut by a knife
so distant we are
yet superfluous memory
still puts the palms of your hands on my cheeks
warms my arm with yours
and letters telephones books and promises
are empty shells
no pearls will issue from them
every day we go out unto different streets
so alien we are
do cut wounds
take long time
to heal?

*   *   *

Ulice wciąż są nagrzane
moją myślą o tobie
i ruch na chodnikach wielki
jakby w oczekiwaniu
że wyjdziesz mi dziś naprzeciw
róże w różnych kolorach
na klombach i pod murami
— ale jakże nietrwałe —
wiosną o nich mówiłeś
a kwitną jeszcze i kwitną
gdy obok przechodzimy
ty z jesiennym katarem
ja z lękiem
że wszystko minie.

*　　*　　*

The streets are still warmed
by my thoughts of you
and the sidewalks are swarming
as if in expectation
that you'll come to meet me today
roses in various hues glow
in flowerbeds and against walls
— they don't last —
you said of them last Spring
but they still bloom and bloom
when we stroll past them
you with an autumnal cold
I with my fear
that all shall pass.

Ballada o księżnej
pamięci Marylin Monroe

Księżna pani
także się starzeje
już jej szkodzi uśmiech i płacz
a wieczorem mięśnie twarzy bolą od młodości
zatrzymywania
księżna pani mogła być gwiazdą
nagle sięgnąć po dwie fiolki
tuż nad ranem odejść tam
gdzie nie słychać oklasków
i pośpiechu trzaskających kamer
ale księżna wybrała scenę osłoniętą
od tłumu i wiatru
nikt nie każe księżnej tańczyć nago
ani siadać na fałszywym tronie
więc dlaczego lęk na kształtnych wargach
i napięte mięśnie przed kamerą
naga szyja księżny jest bezbronna
naga szyja księżny.

A Ballad About a Duchess
in memory of Marilyn Monroe

Lady duchess
is also growing old
smiling and crying already hurt her
and in the evening her facial muscles ache from holding on
to youth
Lady duchess could have been a star
had she reached for two vials suddenly
and early in the morning gone away
where no applause is heard
and no rush of clattering cameras
but the duchess chose a stage hidden
from crowds and winds
no one makes the duchess dance naked
nor makes her sit on a false throne
why then the fear on her shapely lips
and the tense muscles in front of the camera
the duchess' naked neck is defenceless
the duchess' neck.

Nowy Jork, listopad i róża

Kłamiemy obydwoje
a na cienkiej linie
pomiędzy uprzejmością kłamstwem i pragnieniem
taniec nasz jest jak róża
co swoim korzeniem drąży
zmarzniętą ziemię aby kwitnąć dłużej.
Tak, pomieszał nam Pan Bóg języki
bo wieżę wznieśliśmy za wysoką
i czy kłamię nie wiem gdy pragnę
czy pragnę gdy mówię "na zdrowie".
Gra nasza jest jak hazard
przy kartach znaczonych
nie wiemy kto prowadzi
kto klęskę wybierze
w mieście co jest ojczyzną
wszystkich zabłąkanych
pokrętnych dróg szukamy
wiodących do siebie.
A gwiazda nam nie świeci
pośród zgiełku kodów
to miasto dla nas ciemność jak sezam otwiera
jedno tam jest prawdziwe
jedno jest bez skazy
ból
który głuchym echem
błądzi po tunelach.

New York, November and a Rose

Both of us lie
and on the fine line
between politeness
lie and desire
our dance is like a rose
drillsthe frozen soil with its root
to go on blooming.
Yes, God confused our tongues
for we raised too high a tower
and I don't know if I lie when I desire
or desire when I say "be well."
Our game is like gambling
with marked cards
we don't know who leads
who will choose defeat
in the city which is the homeland
of all the lost souls
we search for winding roads
leading us to each other.
And no star shines for us
amidst a cacophony of codes
the city — like sesame — opens its darkness before us
one thing is genuine in it
one thing is truly pure
the pain
which as a deaf echo
wanders through the tunnels.

Przed wigilią

Choiną pachnie i ciemno
jeszcze bo kometa
nie wszedł i w taką godzinę
kiedy Bóg odpoczywa przed zbawieniem
świata
niechaj spojrzy na dom twój
niech cię nie ominie.

Before Christmas Eve

The pine diffuses fragrance and it's dark
because the comet
hasn't risen yet
and at such an hour when God rests
 before redeeming the world
may He glance at your home
may He not bypass you.

Na progu

Ty będziesz jeszcze czekał—ja
już nie wybiegnę
miejsca pod zmarszczki zliczę
na mej gładkiej skórze
i pomyślę
że nie ma sadu z jabłoniami
i pomyślę
że nie mam błękitnej sukienki.
Ty będziesz jeszcze czekał
Pan Bóg dał mi ciało
nakazał włóknem każdym poznawać znużenie
może jeszcze pamiętam
hojność twoich dłoni a może ból
pamiętam
źródło i pragnienie.

On The Threshold

You'll still be waiting
I'll come out no more
places for wrinkles I'll count
on my smooth skin
and I'll think
that there are apple trees no more
and I'll think
that I have no blue dress
You'll still be waiting
God gave me a body
and made me feel fatigue with every fiber
perhaps I still remember
the bounty of your palms perhaps pain
I remember
the spring-head
and the thirst.

Cykl

Znowu się w sobie zamkną drzewa
na tajemnicę
jak na kłódkę
ptak pożegnalną pieśń odśpiewa
i minie lato
znów za krótkie.

A Cycle

The trees will lock up in themselves again
with a mystery
like with a padlock
a bird will sing a farewell song
and the summer will pass
again
much too brief.

Różnica

Przechylona nad krawędzią świtu
słucham własnego oddechu
— jest —
jedyna różnica
między mną
a tymi co odeszli.

The Difference

Bent over the edge of dawn
I listen to my own breath
— it's there —
the only difference
between me
and those who are gone.

Czas nie leczy

Z każdym dniem coraz bardziej nie ma
pustka szczelniej wypełnia przestrzeń
zamiast twarzy głosu imienia
w słup ognisty rośnie
n i e o b e c n o ś ć

Time Doesn't Heal

Every day there is less and less
Emptiness more tightly fills the space
Instead of a face, a voice, a name
into a pillar of fire
grows absence.

Memento mori

Człowiek wsiada do autobusu
Do 86–tej
czy dojadę?
Jaki ufny ten
który wsiada
jaki ufny ten
co odpowiada.

Memento Mori

A man steps onto a bus
Will I get to 86th Street
How trusting the one
who got on
how trusting
the one
who replied.

* * *

Kto wie po co ginęli
inne były hasła
a inne słowa w krtani zaciśniętej gasły
tak było i tak będzie
w tajemnym języku
śmierć wzywa tych
co poszli
tylko im po cichu
cel i cenę wyjawia

i martwych zostawia.

*   *   *

Who knows why they perished
the slogans were different
and different words expired
in their constricting throats
that's how it was and will be
in a mysterious tongue
death summons
those who answer the call
softly and to them only
revealing the purpose and the price

and leaves them dead.

Ojciec

Te sny
którymi wraca do mnie
tak jak drogą
mój ojciec
co się zgubił na jakimś
zakręcie
sny coraz wyrazistsze
te sny nie pomogą
ani mnie
ani jemu
i już nic nie będzie
inaczej niż się stało
stać mogło
musiało

po dwóch stronach
istnienia
na dwóch snów granicy
stoimy przerzucając
po ziarnku gorczycy.

Father

These dreams
in which my father
who had lost his way
at some turn of the road
returns to me
as if walking toward me again
dreams more and more expressive
these dreams will help
neither him
nor me
and nothing will be different
than what happened
could have happened
had to happen

on two sides
of existence
on the border of two dreams
we stand tossing across
grains of mustard seed. *

* *A New Testament image used in Adam Mickiewicz's "The Forefathers Eve."*

Odchodzi

Jak inne matki
i moja odchodzi
nie zabierając z sobą
niczego na drogę

jest jeszcze tutaj
a już w ciemnych wodach
brodzi Lety
ręce do mnie wyciąga — ja
pomóc nie mogę

chciałabym jej odpłacić
ból i wszystkie noce
kiedy przy mnie czuwała
i walczyła o mnie

mój dług
jak przedawniona wytarta moneta
spada w przepaść
już nikt się o nią nie upomni.

She is Leaving

Like other mothers
mine too is leaving
taking with her
nothing for the road

she is still here
but already wading
in the dark waters
of Lethe
she stretches her hands toward me —
yet I cannot help

I wish to pay her back
for her pain and all those nights
she watched over me
and battled for me

my debt
like a worn out obsolete coin
falls into an abyss
no one will ever claim it.

Łyżeczka kawy

Mamo
właśnie zużyłam
ostatnią łyżeczkę kawy
ze słoika po tobie
to trochę tak
jakbyśmy znów razem ją piły
ten sam kubek z twojej kuchni
ten sam smak
— "Chock full of Nuts"?
pewnie zapomnę tę nazwę
a może już zapominam?
Twój dom
znów nie jest twój
twoje rzeczy tu i tam
przeważnie nigdzie
ale zamówiłam portret
pradziadka ze Stanisławowa
z tego zdjęcia
które odzyskałaś
przechowałaś
i które mi dałaś

jak życie.

A Teaspoon of Coffee

Mom,
I've used up
the last teaspoon of coffee
from the jar you left behind
it's as if
we were having coffee again
the same cup from your kitchen
the same flavor
— "Chock Full of Nuts" ?
I'm likely to forget the brand
perhaps I've forgotten it already?
Your home
again isn't yours
Your things here and there
mostly nowhere
but I commissioned a portrait
of the great-grandfather from Stanislawow
based on the old photograph
you reclaimed
saved
and gave to me

like my life.

Tanatos i Eros

Umrę tam
gdzie mnie posiało
gdzie mnie rzucił los
ziemia wchłonie moje ciało
ziemię wchłonę swoim ciałem
tak jak gdybym pokochała...

Tak.
Jak gdybym pokochała.

Thanatos and Eros

I shall die where I've been sown
where I've been tossed by fate
the earth will soak up my body
my body will soak up the earth
as if I came to love it.

Yes.
As if I came to love it.

Wiersz noworoczny

Lubię
tę nocną ciszę
w naszym domu
ty śpisz i zaczynam wierzyć
że cały świat oddycha
równie równomiernie
znaleźliśmy miejsce
jest nam tak
jakby to właśnie tu
....
a przecież to tylko
przeszczep
przyjęliśmy się na gałęzi
i w nasze zimowe pąki
powoli
przetacza się sok
z tych
innych
niezrozumiałych
poplątanych
korzeni.

A Poem for the New Year

I like
the nighttime quiet
of our home
you're asleep and I start believing
that the whole world breathes
as regularly as you do
quite unexpectedly
we've found a place
in it we feel
as if this were it
....
but we're only
a transplant
grafted on a branch
into our winter buds
slowly
oozes the juice
from
the other
unfathomable
tangled
roots